FrankRamosBoada

¡Abuelos... salven el Planeta!

Cambio climático, contaminación y extinción

¡Abuelos... salven el Planeta!
Cambio climático, contaminación y extinción
Frank Ramos Boada
Diseño de cubierta e imágenes: © José *Kolirio* López
Adaptación de cubierta: Yerkon Ochoa
Maquetación: Frank Ramos Boada
Corrección, prólogo y epilogo*:* Saúl Escalona
Email: frankramosboada@gmail.com
Copyright © Frank Ramos Boada, 2023 - Primera edición.

Tabla de Contenido

PRÓLOGO

Los presentes cuentos describen una ojeada de lo que hacemos hoy en día, en otros términos, la destrucción de nuestro planeta. A través de ellos se expresan una súplica a nuestros abuelos..., aunque, realmente están dirigidos a nosotros —los lectores—, para cuando seamos abuelos [...]. ¡Si! Puesto que, estos nos brindan la oportunidad de tomar conciencia de preservar el planeta frente a la terrible realidad que se perfila.

Pareciera pues que, los presagios del fin de nuestra especie están por cumplirse, no será necesariamente un Asteroide quien nos aniquile..., por la vía que estamos transitando será el mismo hombre, con sus guerras y su contaminación quien propiciará la Autodestrucción.

Son aforismos, si seguimos al famoso Científico Stephen Hawking cuando afirma: «estamos cerca del punto de inflexión donde el Calentamiento Global se vuelve irreversible [...]. La mejor esperanza para la supervivencia de la raza humana podría ser colonias independientes en el espacio».

Pero, antes de llegar a ese fin, pretendamos, inmediatamente, resaltar los beneficios de un cambio de actitud, promoviendo acciones que no destruyan la salud humana ni la naturaleza y, al contrario, renueven la belleza de nuestra hermosa Tierra. Según esta óptica, celebremos en este 2023 el acuerdo para la firma del Primer Tratado Internacional por los Estados miembros de la ONU, conocido como «tratado de alta mar» para salvaguardar la biodiversidad marina y asegurar el desarrollo sostenible de los Océanos; esto en el marco de la denominada «triple crisis planetaria» por dicha organización, conformada por el cambio climático, la contaminación y la pérdida de biodiversidad.

Tal es la intención de esta obra, concluir, que otro mundo es posible, donde el despertar de los niños sea el de una esperanza feliz y compartida. ¡Contribuyamos!

DEDICATORIA

A mis hijas e hijos:

Yusneidy

Ana María

Yukensy

Josimiyim

Freud

Younger

A mis nietas y nietos:

Isabella

Arantza

Aysha Catalina

Yosué

Y a los nietos de mis nietos, por los que tengo que tomar conciencia y dejarles un planeta sencillamente limpio, como Dios lo creó.

AGRADECIMIENTOS

Primeramente a mi Dios por permitirme desarrollar la sensibilidad humana de Amar al prójimo como a mí mismo.

A todas las deidades que me guían.

A mis Padres Eloísa y Miguel por darme la vida e inculcarme valores.

Y todas esas buenas personas que se me han acercado para contribuir en mi sólida formación.

LA ISLA DE GOMA

1

FRANK RAMOS BOADA

«El primer día de la creación del mundo, Dios creó la luz sobre <u>los Océanos</u>».
Obra: "Fondo del Mar"

¡ABUELOS... SALVEN EL PLANETA! CAMBIO CLIMÁTICO, CONTAMINACIÓN Y EXTINCIÓN

Durante el verano de 1.990 —como todas las mañanas—, la tortuga Miyi y la gaviota Simi se pasean por la playa de su Isla ubicada en el Océano Pacífico —entre las coordenadas 135° a 155°O y 35° a 42°N—, donde habitan muchas especies de animales y plantas exóticas que solo existen en esa remota parte del mundo, sirviendo también de invernadero a otras especies peregrinas.

Miyi se sumerge en las profundidades del mar para comer sus plantas favoritas, mientras Simi en majestuoso vuelo hace «picadas» perfectas para atrapar peces y darse un gran banquete.

Una vez saciadas hasta más no poder, reposan en la orilla de la playa tomando el rico sol y conversando sobre algunos temas de su infantil edad.

Miyi le comenta a Simi: «una amiguita se comió algo que se movía en el mar como una "Mantarraya", transparente, sin ningún sabor y desde ese día le duele su estómago» (lo cual resultó ser una bolsa de plástico).

De su parte Simi le menciona a Miyi: «una gaviota "pichón" se comió unas frutas multicolores duras y sin gusto, parecidas a un vasito del tamaño de una fresa que flotaban inertes en el mar (en realidad eran tapas plásticas de botellas), muriéndose de indigestión a los dos días».

En esta diaria rutina fue pasando el tiempo produciéndose grandes e inesperados cambios en la Isla.

Mientras tanto, ya adolescentes, Miyi y Simi continúan su vida con-viviendo normalmente, asombradas de ver como cada día las orillas de las playas se inundan con todo tipo de basuras, se alarman porque no saben de donde provienen, muchos objetos flotan en el mar, otros «entrelaza-dos como arañas» yacen en sus profundidades y lo más lamentable es ob-servar a algunos de sus amiguitos de infancia morir por indigestión al no poder digerir los objetos consumidos, dejando así el lugar cada vez más desolado en un «silencio mortuorio», como si se tratará de una «Isla de Goma».

Un día del año 1.997 durante uno de sus paseos por la playa, Miyi y Simi vislumbran en el horizonte una embarcación, confundidas se acercan a saludar a un ser muy particular, que nunca habían visto en este lado del océano.

Él se presenta como Charles Moore —declarando su preocupación por la contaminación de la Isla—, les expresa trabajar en una solución, ellas encantadas le agradecen la intención, así como el deseo de formar equipo para acompañarlo en la investigación del fenómeno y en la búsqueda de una respuesta, que evite la acumulación de plástico en el océano.

Así comenzaron y en sus primeros ensayos observaron todo tipo de material de plástico bordeando la Isla: bolsas de hule, botellas plásticas, envases, tapas, juguetes, nylon, cauchos, gaveras, carcasas de computadoras, forros y pantallas de teléfonos celulares, bolígrafos, cepillos de dientes, vasos plásticos, etc., etc.

Este escenario los llevó a la conclusión de que estos materiales provienen de todas partes del mundo, pero con bastante impaciencia se preguntaron: ¿por qué llegan todos al mismo sitio del Océano Pacifico?

Investigando el fenómeno, encontraron que el diámetro de la

zona afectada es de 3.4 millones de km², con aproximadamente 100 millones de toneladas de desechos —la mayor parte grandes objetos, mientras el 8% de ellos son menores de 5 mm—; también comprobaron que el 20% del plástico del mundo, termina en el mar, afectando a unas de 267 especies animales.

Finalmente constataron, con sorpresa, que estos acontecimientos aún no son visibles con fotografías satelitales, ni detectable con radares.

Así preguntándose: ¿Por qué llega toda la basura al mismo sitio del Océano Pacífico formando masas de plástico? concluyeron con la explicación científica, qué, es por la combinación de factores naturales, por ejemplo:

— El «Efecto Coriolis» producido por el movimiento de rotación de la tierra de oeste a este, que genera grandes corrientes de vientos, los cuales cambian la trayectoria natural de los cuerpos en movimiento.

— El «Giro del Pacífico Norte», es decir: Una zona de altas presiones atmosféricas con remolinos de vientos que mueven a las corrientes oceánicas muy lentamente hacia la derecha, succionando la basura desde otras partes del océano hacia su interior.

Con esta información, Charles partió de la Isla con el fin de denunciar y buscar soluciones a la situación, siendo hasta hoy muy pocos los resultados obtenidos.

Así, pasaron algunos años..., ya adultas, Miyi y Simi mantenían su preocupación puesto que el fenómeno se acentuaba, además les molestaba ver a los causantes del problema dedicar su vida a otras cosas y no a la preservación de su hábitat.

De este modo, se propusieron concientizar a los jóvenes, para que este fenómeno no destruya más la fauna terrestre ni marina de la Isla y a fomentar la cultura de la Conservación.

«Cuando un ave consume tapas plástica muere y su cuerpo se desintegra, pero esta tapa permanece intacta, siendo a su vez consumida por otra ave que correrá la misma desgracia, así sucesivamente hasta unos 150 años cuando la tapa se degrade y se transforme en pequeñas partículas conocidas como "micro plástico", las cuales serán ingeridas por "micro organismos marinos", que asimilarán sus "toxinas"; estos micro organismos luego serán consumidos por los peces, posteriormente, a su turno, llegarán a la mesa de los seres humanos en una "sintética cadena alimenticia"».

Por esta razón es necesario promover hábitos de buenas costumbres ciudadanas, como el Reciclaje, el no botar basura en los ríos, mares y cañerías, transformar las botellas plásticas en floreros, las llantas en materos y usar bolsas ecológicas.

También es necesario pedir a las Industrias que impulsen procedimientos para comercializar materiales «biodegradables» y, sobre todo, exigir a los gobiernos de establecer normas y reglamentos, que impulsen tanto la colecta como el reciclaje de la basura; de esta manera, la «Isla de

Goma» se convertirá en una hermosa Isla verde, rodeada por un esplendoroso mar azul, donde la Naturaleza será la protagonista.

GUARDIANES DE LA AMAZONIA

7

FRANK RAMOS BOADA

«*El segundo día de la creación del mundo, Dios creó <u>el cielo</u>*».
Obra: "Presencia"

¡ABUELOS... SALVEN EL PLANETA! CAMBIO CLIMÁTICO, CONTAMINACIÓN Y EXTINCIÓN

En la selva de la «Amazonia» se está presentando una grave situación que causa daño al ambiente y a la salud de sus nativos habitantes.

Por un lado, la emisión de gases contaminantes de la empresa maderera transnacional «*Moth*», —producidos al momento de quemar el suelo—, carece de algún tipo de control. Además, por esas vías habilitadas por la quema, transita gran cantidad de vehículos cargados de madera y de ganado para la venta.

En el mismo sentido, se produce una deforestación descontrolada de la zona, con el objetivo de crear pastizales de cría de ganado —para comercializar su carne y su piel—, así como sembrar soya y palma africana —para alimentos de animales y extracción de aceites.

En un punto de la selva, el dueño de la empresa y el administrador entablan la conversación siguiente:

—¿Jaime cómo van las ganancias? —pregunta el dueño, seguido de una sonrisa irónica— ¡Ja, ja, ja!

—!Um! Bueno jefe, amanecimos con 3.000 millones de $ de ganancias —contesta el administrador.

—¡Excelente! ¿Y qué actividades han hecho? —pregunta el dueño.

—¡Bueno mi señor! Se quemaron 1.345 km2 de bosques para poder trasladar los camiones con la madera y el ganado, conjuntamente, se han deforestado en 12 meses 7.900 km2..., de ellos el 80% para los pastizales del ganado y el restante para la siembra de palma y soya —contesta el administrador.

—¡Ah, qué bueno! Muy pendientes con aquellos que declaran proteger la naturaleza, ¡ja, ja, ja! —exclama el dueño.

Mientras tanto en el pueblo, una niña le dice a su padre (quién trabaja en la empresa «*Moth*»):

—¡Papá, papá! Me duele mucho el pecho, tengo tos y mira, estas manchas en la piel.

—¡Oh! Que manchas más extrañas tienes hija, te llevare inmediatamente al doctor —dice el padre.

El padre lleva a la niña a un doctor amigo y le dice:

—¡Buenos días doctor Marquiño! Traigo a mi hija porque tiene un fuerte dolor en el pecho, con mucha tos y unas manchas en la piel que le aparecieron de pronto.

—¡Vaya! Son manchas muy extrañas. ¿Oye, niña, desde cuándo las tienes? —pregunta el doctor.

—Me salieron desde ayer, quizás porque he tomado mucho sol jugando con mis amiguitas, me duele mucho el pecho y no paro de toser ¡Uju, uju, me duele! —contesta la niña.

—¡Bueno hijita! Por ahora no puedes exponerte más al sol, seguramente los rayos solares te están causando estas manchas, colócate este ungüento de sábila para que sanes pronto; te pondremos una inyección para calmar el dolor del pecho y te mandaremos a realizar unos exámenes —recomienda el doctor.

—¡Gracias doctor! Le haremos los exámenes y se los traeremos —dice el padre.

Nuevamente, en la empresa maderera el padre de la niña le comenta al Delegado de salud lo sucedido y éste al darse cuenta de tan grave situación exclama:

—¡Caramba! Cada día la contaminación generada por esta empresa donde trabajamos provoca más problemas a los habitantes de la zona, destruye la «Capa de Ozono» y ellos no entienden, tengo que encontrar una forma de solucionar esta situación.

De inmediato el Delegado se dirige a la oficina del Administrador, saludándolo:

—¡Buenas tardes Sr. Administrador! Le agradecería si me puede atender un segundo.

—¡Buenas tardes! ¿Qué se le ofrece Sr. Delegado? —pregunta el administrador.

—Vengo a explicarles el daño ambiental que está causando la empresa..., el ozono es un gas que forma una capa ubicada a 15 km de la superficie alrededor de la tierra —en la estratosfera—, actúa como un escudo protector filtrando los rayos del sol en un 95%, permitiendo así la «fotosíntesis» de las plantas..., esta capa se está destruyendo por la contaminación generada, en parte, por el humo emitido por la empresa durante la quema del bosque y la utilización de pesticidas; si se destruye esta capa los rayos del sol entrarán directamente a la tierra causando enfermedades en la piel y la visión, además de un desequilibrio ecológico sin precedentes al afectar el proceso de «fotosíntesis» —explica el Delegado de salud.

—¡Ok, ok! ¡Hablaré con el dueño! —indica el Administrador.

El Administrador llama inmediatamente al dueño y éste contesta:

—¡Hola Jaime! ¿Cómo van las cosas hoy?

—¡Mis respetos *Mr. Watson*! El Delegado de salud nos está obstaculizando el trabajo —dice el Administrador.

—¡Ah! Ya sabes lo que tienes que hacer en estos casos —dice el dueño.

—¡Sí mi Señor! —contesta el Administrador, en marcada pleitesía.

El Administrador llama al Comisionado regional del ambiente y le señala:

—¡Halo! Señor Comisionado, le habla el Administrador de la empresa «*Moth*» para informarle que el Delegado de salud nos está obstaculizando el trabajo.

—¡Entendido! Ya verá ese saboteador —exclama el Comisionado ambiental.

Al día siguiente, el Comisionado ambiental llama al Delegado de salud y le dice:

—¡Halo! ¡Buenas tardes! Le habla el Comisionado regional del ambiente para anunciarle que usted ha sido asignado para trabajar en la «Isla de Alcatraz», de inmediato.

—¿Qué? Pero yo necesito salvar este lugar, no me puedo ir tan lejos —expone el delegado de salud.

—Yo represento la autoridad legal por el ambiente en esta región y me encargaré personalmente de este problema —contesta el Comisionado ambiental.

—¡Entendido! Me marcharé, pero no me quedaré tranquilo —exclama el Delegado de salud llevando una mirada al cielo.

—Al día siguiente el Delegado llama a la Oficina Nacional del Ambiente:

—¡Buenos días! Llamo para denunciar que la empresa maderera transnacional «*Moth*» está quemando y deforestando los bosques de la Amazonia, los cuales representa 40% de las selvas tropicales del mundo, distribuidas en 7 países de Sudamérica; un tercio de ellas habitadas por etnias indígenas.

»Estos bosques absorben 300 mil millones de toneladas de dióxido de carbono que luego transforman en el 20% del oxígeno del planeta, purificando el aire que respiramos.

»La empresa está emitiendo grandes cantidades de gases contaminantes y utilizando pesticidas, causando un grave daño al ambiente y a la población nativa, destruyendo hasta ahora 801.449 Km2 por deforestación e incendios..., representando el área afectada 17% de la cobertura de la selva.

»Les quiero hacer saber que si se afecta el 25% de la selva no habrá punto de retorno y esta se convertirá en una gran sabana dentro de los próximos 30 años, ya que no podrá producir lluvia para su sostenibilidad, trayendo consecuencias climáticas inimaginables para la región, desapareciendo toda su biodiversidad..., aumentando además la temperatura promedio del planeta.

—¡Gracias por avisarnos! De inmediato solucionaremos este grave problema —responde el funcionario de la Oficina Nacional del Ambiente.

Esa misma tarde los funcionarios se dirigen a la empresa y se anuncian con la recepcionista:

—¡Buenos Días! ¿Podría comunicarnos con el Administrador? Dígale que venimos de la Oficina Nacional del Ambiente.

El Administrador al ver a los funcionarios en la recepción corre donde el dueño y exclama aterrado:

¡ABUELOS... SALVEN EL PLANETA! CAMBIO CLIMÁTICO, CONTAMINACIÓN Y EXTINCIÓN

—¡*Mrs. Watson*! «Los Guardianes de la Amazonia» están aquí, ¡Me voy!

—¡Oh my good! ¿Mi dinero? —exclama sorprendido el dueño.

Entre tanto, el padre y la niña acuden nuevamente al doctor.

—¡Buenos días doctor! Aquí están los exámenes —dice el padre.

El doctor examina los resultados detalladamente y exclama:

—¡Si! Los exámenes evidencian que el dolor y la tos han sido ocasionados por obstrucción en los bronquios debido a la alta exposición al humo de la quema del bosque, le pondré un tratamiento con jarabe para la tos..., afortunadamente ya no hay más humo ni gases contaminantes en el ambiente.

—¡Gracias doctor! Ahora podré jugar nuevamente con mis amiguitas ¡Yupi, yupi! —exclama feliz la niña.

Finalmente, la empresa «*Moth*» —que significa «polilla» en inglés— fue cerrada por la Oficina Nacional del Ambiente y obligada a sembrar árboles en la zona devastada, mientras que a *Mr. Watson* le fue impuesta una multa millonaria.

Todos tenemos el deber de *conservar nuestro planeta*, no debemos permitir que personas inescrupulosas lo destruyan..., el bien siempre triunfa sobre el mal.

EL SAMAN SABIO

15

FRANK RAMOS BOADA

«*El tercer día de la creación del mundo, Dios creó la tierra y <u>las plantas</u>*».
Obra: "Paz"

¡ABUELOS… SALVEN EL PLANETA! CAMBIO CLIMÁTICO, CONTAMINACIÓN Y EXTINCIÓN

Habitando las llanuras americanas se encuentra el «Samán Sabio», un Árbol cuatricentenario que ha vivido la historia de los últimos 4 Siglos del continente.

Este resistente Árbol sirve de huésped a dos pequeñas plantas «Orquídea» y «Bromelia», esas a las que llaman «parásitas» o «epifitas» —que no crecen directamente en el suelo, sino que viven en un «árbol huésped», alimentándose de los nutrientes de este o usándolo de soporte para vivir.

Con el tiempo estas pequeñas plantas se han transformado en su familia, conviviendo todo el día; a la pequeña Orquídea le gusta que el abuelo le hable de historia y tradiciones —lo cual disfruta muchísimo por la manera poética de contarla—, mientras que a Bromelia le encanta aprender de las propiedades curativas de las plantas autóctonas de la región porque quiere ser curandera y ayudar al prójimo cundo sea adulta.

Todas las mañanas —mientras se nutren con la energía del Sol— hacen interminables tertulias donde formulan muchas preguntas, a las cuales el Sabio Samán responde con extrema paciencia y mucha sabiduría, para que cuando ellas sean ancianas transmitan esos conocimientos ancestrales a las generaciones futuras, igual como él aprendió de sus abuelos, habitantes de este suelo, antes de la llegada de los colonizadores quienes plantaron otros árboles en este continente, vale decir, que estos árboles forasteros y los autóctonos conforman hoy en día la biodiversa fauna americana, como es el caso de la planta de «Cafeto» originaria de Abisinia antigua Etiopia, que los franceses trajeron al caribe, a principios del siglo XVIII; las primeras no dieron muchos frutos por el fuerte sol tropical…, para climatizarlas los dueños de haciendas, en conjunto con los campesinos caribeños, idearon sembrar matas de plátanos entre ellos para darle sombra, sin cobrarles la tierra a los campesinos y dejándole las ganancias de los plátanos cosechados, lo cual dio resultados inmediatos con el florecimiento de los primeros arbustos de «Cafeto»; la obligación que tenían los campesinos era mantener el sitio limpio de malezas y alimañas, en caso contrario, los hacendados les cortaban sus matas simplemente; de ahí surgió la expresión *«a fulano le cortaron el cambur»,* actualmente utilizada para referirse a un empleado gubernamental cuando lo sacan de su puesto burocrático donde gana fácilmente su salario.

El Cafeto llegó a Sudamérica en 1730, a Caracas en 1783 siendo sembrado bajo la sombra de los «Bucares», emulando el método antillano; el agricultor y músico francés Bartolomé Blandin en conjunto con los Sacerdotes José Antonio Mohedano y Pedro Ramón Palacios y Sojo fueron los primeros en cosecharlo en las haciendas Blandin, la Floresta y San Felipe del este de la ciudad; por cierto el padre Mohedano en la Semana Santa de 1776, para palear la «Epidemia de Fiebre Amarilla» hizo una promesa y mando a bajar hojas de palmas del Cerro Ávila, para recrear la «Entrada de Jesús a Jerusalén el domingo de Ramos», dando así inicio a la tradición de los «Palmeros de Chacao».

Bartolomé Blandin y el Presbítero Sojo eran músicos de la filarmónica de Caracas, esta coincidencia originó la organización de un majestuoso evento al que se conoció como: «La primera taza de café tomada en el valle de Caracas» convirtiéndose en un hecho clásico e histórico acontecido a finales de 1786, narrado exquisitamente por el sabio Arístides Rojas:

«...En las Arboledas frutales de Bartolomé Blandin se realiza aquel magno evento. A su casa llegaron en caballos y en carretas de bueyes, donde encontraron la misma adornada en su totalidad, con la presencia de los sellos de armas de España y Francia. Muebles dorados o de caoba, forrados de damasco encarnado, espejos venecianos, cortinas de seda, entre otras bellezas, daban el ambiente a aquella fiesta [...]. Al momento esperado, todas las mesas se retiraron menos la central, cubierta de flores que acompañó la vajilla asiática que formaba parte de aquel acto. Se acercaron a la mesa, el anfitrión Blandin, junto a su hermano el doctor Domingo Blandin y los padres, Sojo y Mohedano, y es al reconocido cura de Chacao a quien se le da el honor de beber la primera taza de café en el valle. La cafetera derramó su contenido en la taza y todas las miradas se dirigieron al padre Mohedano, quien conmovido emitió un hermoso discurso:

"Bendiga Dios al hombre de los campos sostenido por la constancia y por la fe. Bendiga Dios el fruto fecundo, don de la sabia Naturaleza a los hombres de buena voluntad. Dice san Agustín que cuando el agricultor, al concluir el arado, confía la semilla al campo, no teme ni la lluvia que cae, ni el cierzo que sopla, porque los rigores de la estación desaparecen ante las esperanzas de la cosecha"

Ante estas palabras prosiguió el padre Sojo:

"Bendiga Dios el arte, rico don de la providencia, siempre generosa y propicia al amor de los seres, cuando esta sostenido por la fe, embellecido por la esperanza y fortalecido por la caridad"

Para el cierre, entonces, el doctor Domingo Blandin se unió a tan hermosas palabras diciendo:

"Bendiga Dios la familia que sabe conducir a sus hijos por la vía del deber y del amor a lo grande y a lo justo. Es así como el noble ejemplo se transmite de padre a hijos y continúa como legado inagotable. Bendiga Dios esta concurrencia que ha venido a festejar con las armonías del arte musical y las gracias y virtudes del hogar, esta fiesta campestre, comienzo de una época que se inaugura bajo los auspicios de la fraternidad"

La alegría se desborda y bajo aquella emoción don Domingo Blandin toma una rosa de la mesa, para, luego de besarla, entregarla a su madre, dando así inicio al baile con la interpretación de obras musicales de Beethoven y Mozart, ejecutadas magistralmente por Manuela y María de Jesús Blandin, acompañadas por el presbítero Sojo y el mismo Bartolomé Blandin».

Después de tan interesante historia, Bromelia le pide al «Sabio Madero» que le explique sobre las propiedades curativas de las plantas, frutas, tubérculos, semillas, raíces y hortalizas utilizadas para las dolencias más comunes, a lo cual él accede, respondiendo:

—¡Mi pequeña Bromelia! Pon mucha atención, que no repetiré.

»La *Guanábana* es antibacteriana, antimicótica, desparasitante, antidepresiva y ayuda a controlar la tensión alta, también ayuda en enfermedades como el cáncer y mejora el sistema inmunológico, tomar su jugo sin azúcar con frecuencia es la mejor manera de consumirla, pero también sus hojas se pueden tomar en infusiones.

»El *Jengibre* es antinflamatorio, antigripal, alivia el dolor de vientre y de cabeza, es antiespasmódico y baja la fiebre, se utiliza en ensaladas o en infusión; para malestares menstruales es importante consumirlo sin azúcar.

»*La Pira o bledo* es un efectivo desparasitante, baja la fiebre, mejora la actividad cerebral, es antidepresivo, mejora hemorragias internas y menstruación excesiva, también es energizante, alivia la migraña y tiene propiedades nutritivas, sus semillas poseen alto contenido de proteínas de fácil digestión; la mejor manera de consumirlo es en infusión.

»El *Limón* estimula el sistema inmune, es depurativo, antinflamatorio, baja la tensión alta, es antidepresivo y rico en vitamina "C" para afecciones gripales, consumirlo a diario con un toque de bicarbonato ayuda a prevenir el cáncer.

»Se dice que en la «Peste de Vómito Negro» del año 1669, durante la procesión del Cristo Nazareno en Caracas, el «Paso» —plataforma de este— tropezó un «Árbol Limonero» ubicado en la esquina de Miracielos, cayendo muchos frutos a la calzada [...], la gente con mucha fe los recogió para tomarlos con agua fresca de la «Quebrada de Catuche» curándose de inmediato, naciendo así la leyenda del «Limonero del Señor».

Al caer la tarde, Orquídea le pide al Samán Sabio, que les cuente de esas anécdotas que acostumbra narrarles, él les contesta:

—¡Ah! Hoy les voy a hablar sobre el origen de la «hallaca» o «tamal»: resulta que durante el tiempo de la colonia los conquistadores realizaban tremendos banquetes con carnes, frutas, vegetales, manjares y vinos, al terminarse estas grandes comelonas los esclavos indígenas y africanos pasaban por la mesa recogiendo rápidamente la sobra [...], luego alrededor de una fogata la juntaban para hacer un guiso que envolvían en hojas de plátano ahumada, compartiendo en comunidad.

»¡Sí! Por esa razón es que la hallaca es conocida como «multisápida» —o sea posee muchos ingredientes—; y nadie se acreditó el invento de tan variado plato.

Emocionado por la atención de sus espectadoras continúa diciéndoles:

—¡Bueno! Ya que estoy contándoles sobre las costumbres navideñas les voy a hablar sobre los «Pesebres»: El primer pesebre viviente fue hecho por San Francisco de Asís en Italia, en el año 1223, los franciscanos lo trajeron a América y se sabe de ellos desde 1832 en Mérida, cuando Juan de Dios Picón escribió: «al frente de la ciudad se haya la loma de las flores [...], con las que se arreglan los altares de Corpus y Pesebres de Navidad».

»Los pesebres recrean el nacimiento del niño Jesús, con la Virgen María, San José, los Reyes Magos, la Mula y el Buey, además de ovejas con musgos haciendo las veces de hierba. ¡Por cierto! Al sacar el musgo de su habitad natural se hace daño al ambiente, al tener este funciones de retención de agua —por 20 veces al valor de su peso— y liberar humedad al llegar la sequía equilibrando la temperatura, en ellos germinan semillas de otras plantas y viven pequeños invertebrados, igualmente cuando se desintegra pasa a formar parte de la superficie donde vivió, fortaleciéndola.

Orquídea y Bromelia, emocionadas, abrazan al viejo Árbol, rogando que llegará el nuevo día para seguir oyendo las interesantes historias del Samán Sabio.

ARZAX EL NIÑO ASTROLOGO

23

FRANK RAMOS BOADA

«El cuarto día de la creación del mundo, Dios creó <u>el sol</u>, <u>la luna</u> y las <u>estrellas</u>».
Obra: "El Jinete"

¡ABUELOS... SALVEN EL PLANETA! CAMBIO CLIMÁTICO, CONTAMINACIÓN Y EXTINCIÓN

En un pequeño asteroide llamado «Gaspra», el cual orbita en una galaxia ubicada a millones de años luz de la nuestra —la Vía Láctea—, habita una civilización bastante adelantada en comparación con otras.

Como todo asteroide tiene una superficie rocosa, careciendo de vegetación, ríos y mares, por lo cual sobrevivir allí es un reto para sus residentes, quienes obtienen los alimentos del espacio.

Allí vive un niño llamado «Arzax» —que en otro planeta sería un sobresaliente científico, pero en su planetoide es considerado un niño muy normal— al que le gusta visualizar el universo con su «sofisticado telescopio».

Al niño le llama la atención un planeta, ubicado en nuestra galaxia, llamado «Tierra», le preocupa ver cómo es destruido indiscriminadamente por la civilización que lo habita, sin que aprecien el paraíso en el cual viven.

En un principio, le sorprendió su color «verde-azulado»..., mientras más afina el lente de su telescopio puede ver su incalculable belleza conformada por extensos mares, caudalosos ríos, tupidos bosques y, una extensa y diversa fauna.

Desde su «ventana imaginaria» es testigo de la vertiginosa «Carrera Espacial» del hombre, materializada con el lanzamiento de 6250 «cohetes» con el fin de buscar recursos y vida en otros planetas, la exagerada cantidad de 13630 satélites puestos en la órbita baja, entre 200 y 2000 km sobre la superficie de la Tierra, para investigaciones científicas, telecomunicaciones y propósitos bélicos —siendo el primero el «Sputnik 1», lanzado en 1957.

Al transcurrir de los años estas actividades han acumulado la «basura espacial», resultado de más de 630 fragmentaciones debidas a la explosión de satélites. Al punto que desde el año 1961 se han generado:

— 130 millones de fragmentos menores a 1 cm.

— 1 millón entre 1 a 10 cm.

— 36500 mayores de 10 cm.

Haciendo un total de 100 toneladas de chatarra espacial, además de la obsolescencia de 1950 vehículos de lanzamientos desechados y 2840 satélites obsoletos, los cuales conviven con unos 6600 activos, con una estimación de cuadruplicarse en 20 años debido a la participación de empresas privadas.

Esta situación espacial representa un riesgo permanente, puesto que si colisionará un satélite obsoleto o una de sus partes con uno operativo, se esparciría una cantidad importante de fragmentos o escombros espaciales conocidos como «debris» —que transitan entre 28000 y 56000 km/h— generando una reacción en cadena donde impactarían y destruirían todos los satélites operativos, quedando la órbita geoestacionaria inutilizable y la tierra sin telecomunicaciones, incluyendo Internet; esto se conoce como el «Síndrome de Kessler». —Una primera advertencia ocurrió cuando pasaron cerca de la «Estación Espacial Internacional» unos escombros a solo 250 km de distancia, teniendo que evacuar de emergencia a sus 6 tripulantes hacia las naves «Soyuz».

Hasta ahora solo se han suscitado 3 grandes colisiones desde 1991, aunque los expertos estiman un promedio de 18 anuales con consecuencias inimaginables.

Es de esta manera que han caído a la tierra millones de partes de escombros espaciales, bien que, al entrar en contacto con la atmósfera terrestre estos se desintegran debido al intenso calentamiento o caen en océanos y desiertos sin peligro alguno.

Un día Arzax pudo entrar en contacto con una nave espacial «Terrícola», comunicándoles les dijo: —#%&°='+*—, que significa: —no sigan buscando recursos en otros planetas porque nada van a encontrar—, y les advirtió, recordándoles: «nadie sabe lo que tiene hasta que lo pierde».

La tripulación sorprendida trajo el mensaje a la Tierra, difundiéndolo en todos los idiomas e iniciando acciones en una sola voz para proteger mares, ríos, bosques, disminuir los gases contaminantes, ahorrar la energía, e impulsar el reciclaje de la basura, así como la recolección de la chatarra espacial.

Ahora, Arzax quien rediseño la «belleza verde y azulada de la Tierra», mantiene con mucha satisfacción la emoción de haber contribuido a una mejor captación desde otro mundo…, lo que nosotros no vemos desde aquí.

MAWARI: DELFIN ROSADO DEL AMAZONAS

29

FRANK RAMOS BOADA

«El quinto día de la creación del mundo, Dios creó las aves y <u>los animales marinos</u>».
Obra: "Amigo"

¡ABUELOS... SALVEN EL PLANETA! CAMBIO CLIMÁTICO, CONTAMINACIÓN Y EXTINCIÓN

¡Hola! Mi nombre es «Mawari», tengo 15 años de edad y soy un delfín de agua dulce conocido científicamente como «Inia geoffrensis», también se me conoce como «boto», «bufeo» o «tonina».

Estoy catalogada como el delfín más grande del mundo, las hembras medimos 2.15 metros, los machos 2.5 y pesamos hasta 185 kg.

Somos mamíferos «cetáceos» que vivimos menos de 40 años, el color de nuestra piel es gris claro cuando somos jóvenes y rosado a la edad adulta.

Poseo una aleta dorsal con menos altura, pero más larga que mis parientes del Océano y mis aletas pectorales tienen «forma de remo».

¡Ah! En mi frente tengo un órgano llamado «Melón», que me ayuda a ubicarme —los científicos lo llaman «Eco localización».

Mi habitad natural se encuentra en los ríos Amazonas, Madeira y Orinoco en Sur América, a 400 m sobre el nivel del mar, aunque mis ancestros vinieron del Océano Pacifico hace 15 millones de años.

Como todo cachorro fui criado por mis padres, «Recuerdo que en el invierno cuando el rio crecía y se adentraba en la selva, mi madre me dirigía allí para buscar mí comida favorita ¡Um! Cangrejos de rio —nos quedábamos allí hasta que el rio volvía a su nivel».

Mi padre «Nerón» me contaba interesantes historias..., el me dijo: «La construcción de monumentales represas dio un cambio drástico a nuestro habitad, teniendo que migrar rio abajo».

Me explicó como mi abuelo murió en el «Rio Amazonas» cuando un oleoducto fue volado por personas inescrupulosas, ocasionando un derrame petrolero de donde no pudo escapar.

También, como muchos de nuestra especie han desaparecido por la deforestación y explotación del oro (al quedar expuestos al mercurio que utilizan los mineros), e igualmente, como otros han sido atrapados accidentalmente por las redes de «pesca de arrastre».

Mi padre me habló de «Temedawi», me contó: «Es una ciudad ubicada en la profundidad de los ríos donde viven los espíritus de las personas ahogadas llamadas "encantos", quienes adquieren forma de toninas

[...], en noche de luna llena, los espíritus varones se transforman en humanos y llegan a las fiestas vestidos de blanco a robarse a las mujeres y los espíritus de las toninas hembras se convierten en bellas mujeres que encantan a los pescadores para reproducirse».

¡Ah! Pero, dice mi padre: «muchas jóvenes que salen embarazadas en el pueblo, valiéndose de la leyenda comentan que la embarazó un "encanto", para así tapar su falta» ¡Ja ja ja!

Desde el año 2008 fuimos catalogadas como «especie amenazada» al no existir cifras exactas de la población; se han tomado medidas de protección, vigilando que no haya caza indiscriminada, ni pesca de arrastre, se ha tratado de mantener el habitad en los ríos, mientras en cautiverio se están reproduciendo ejemplares en acuarios de Estados Unidos de Norteamérica, Europa y Japón.

Yo soy el único ejemplar de color «albino» y me encuentro en el acuario de Alemania ofreciendo mi testimonio a la humanidad, para que todos contribuyan a conservar las especies en peligro de extinción y poder volver algún día a nuestro hábitat natural.

MASHIRAMO EL OSO TRAVIESO

33

FRANK RAMOS BOADA

«El sexto día de la creación del mundo, Dios creó a los <u>animales salvajes</u> y domésticos».
Obra: "Cazando"

¡ABUELOS... SALVEN EL PLANETA! CAMBIO CLIMÁTICO, CONTAMINACIÓN Y EXTINCIÓN

En la cordillera andina de Sudamérica, durante años, grupos de cazadores han sacrificado animales exóticos para vender sus pieles, utilizando parte de sus órganos para curar enfermedades insanables y también buscando en ellos una fuente de eterna juventud, sin importarles que estas especies estén o no en peligro de extinción.

Entre los ejemplares más buscados por este mercado de contrabando se encuentra el «Oso Frontino», cuyos huesos son cotizados por la creencia de que «al ser consumidos por los humanos fortalece su sistema óseo», igualmente, existe el mito que «el consumo de su aparato reproductor masculino produce bondades afrodisíacas y un efecto regenerador en los hombres».

Cuenta la leyenda, que un día, estos cazadores exterminaron a la población completa de Osos Frontinos de la «Sierra Nevada», sobreviviendo solo un «Osezno», acabado de nacer, quien se encontraba en la cima de un árbol en su nido tipo plataforma; este cachorro fue rescatado por un niño «Yukpa», quien lo llevo a su aldea y allí abrió sus ojos por primera vez, fue alimentado con leche de cabra y bautizado con el nombre de «Mashiramo».

Mashiramo llamaba la atención de los pobladores de la aldea por lo tosco de sus movimientos y por las manchas de color amarillo en su cara que «parecían unos anteojos».

Todas las mañanas, el niño Yukpa lo bajaba al rio donde jugaban y se divertían atrapando truchas, otras veces, se dirigían al bosque donde «Mashi» comía tallos jóvenes de bromelias conocidos como «Piñuelas», degustaba frutas y trepaba árboles en busca de panales de miel —su platillo favorito.

Igualmente, en la aldea, le enseñaron como reconocer a los cazadores, detectar trampas, ocultarse sin ser visto y otras «astucias».

Así fue creciendo hasta alcanzar 2 metros de altura y 150 kg de peso —pareciéndose a su familiar lejano del Asia «Pie Grande»—, naciendo así la leyenda del «Oso Salvaje del Páramo» de quien se creó el mito que raptaba a las mujeres a su madriguera para aparearse y que era un depredador que destruía todo a su paso.

Este mito llamo la atención de los cazadores y todos querían ser los primeros en llevarse los honores de cazarlo.

Impresionados, veían huellas de «más de 50 cm», árboles desgarrados por sus pesuñas, escenas de devastación en los sitios donde comía y hacía su siesta.

Mashi, al ver la presencia de estos depredadores en la zona, ideo un plan con el niño Yukpa para ahuyentarlos: en las noches, cuando dormían les cargaban los fusiles con «onoto molido», e inmediatamente, los asustaban para qué dispararán y quedarán cubiertos de pie a cabeza de polvo rojo, mientras Mashi y el niño Yukpa reían de su travesura.

A las trampas que armaban estos intrusos, Mashi las trancaba y éstos al tratar de abrirlas quedaban atrapados, para risa de Mashi y el niño.

Así fue que los cazadores huyeron despavoridos de la Sierra Nevada, dando a crecer con una trepidante brillantez, para goce de muchos, la leyenda del «Oso Salvaje del Páramo», quien no era sino «Mashiramo el Oso Travieso».

AGUJEROS EN EL CIELO

37

FRANK RAMOS BOADA

«El sexto día de la creación del mundo, Dios creó al humano y le confió su <u>cuidado</u>
Obra: "Creación"

¡ABUELOS… SALVEN EL PLANETA! CAMBIO CLIMÁTICO, CONTAMINACIÓN Y EXTINCIÓN

En un lugar de la línea Ecuatorial —donde una vez se ubicó la ciudad de «Rumichaca»—, el día 153 del año 2236, se encuentra la Maestra Sega con un grupo de alumnos en un improvisado salón croклas, sin pupitres, ni pizarras y mucho menos luz eléctrica —el cual semeja a una cápsula donde no hay entrada de aire fresco.

Al fondo una hermética ventana donde solo se ve un paisaje árido, con árboles sin hojas, como en un eterno otoño.

—¡Bienvenidos queridos alumnos! ¿Cómo están? —pregunta la maestra.

—¡Muy bien! —responden los alumnos en voz unísona.

Luego de una pausa para ordenar sus cosas la maestra exclama:

—¡Atención! En la clase de hoy vamos a hablar de la vida en nuestro Planeta en el Siglo XX.

—¡Maestra! En ese siglo vivieron los abuelos de nuestros abuelos —participa el alumno Zeus.

—¡Si, Zeus! —responde la maestra—. Para ese entonces, el Planeta estaba conformado por ¾ partes de mares, dos polos, más de 200 países en cinco continentes llamados América, Europa, África, Asia y Oceanía, una población aproximada de 6.000 millones de habitantes, 230.000 km3 de ríos y lagos, 9% de superficie vegetal, más de 50 millones de especies animales, vegetales y una temperatura media de 15º. ¡Imagínense! La esperanza de vida era de 80 años.

»El hombre había iniciado la «Era Espacial», desarrolló la energía fósil, la nuclear, la hidroeléctrica transformando la furia de las aguas en electricidad y la solar aprovechando los rayos de esa gran estrella.

En ese momento el alumno Galilei pide la palabra y expresa:

—¡Maestra! ¿Cómo nuestros abuelos causaron tanto daño después de haber sido tan bonito nuestro Planeta?

—¡Mm, bueno! —exclama ella con la mirada pérdida—. Todo comenzó cuando el hombre descubrió fuentes de energía provenientes del carbón, el petróleo y el uranio para ser utilizadas en el desarrollo industrial, científico, tecnológico y bélico; también creó los pesticidas para combatir las plagas en los sembradíos, los aerosoles, además de los agentes refrigerantes para el enfriamiento artificial.

»¡Fíjense! La contaminación causada por los gases emitidos durante el uso de pesticidas, agentes refrigerantes y aerosoles, destruyó progresivamente la «Capa de Ozono», ubicada a 15 km de la superficie de la tierra, cuya función es filtrar la radiación de los rayos solares para que no entren con mucha intensidad a la atmosfera afectando el ambiente y a los seres vivos, como cuando nos colocamos lentes oscuros para proteger los ojos.

»Todos estos agentes químicos contienen principalmente cloro, bromo y son conocidos como las «sustancias que agotan la capa de ozono» con sus siglas: (SAOs), entre los que tenemos: los clorofluorocarbonos (CFC), los halones (CF2CIBr), los hidrofluorocarbono (HCFC) y los hidrobromofluorocarbonos (HBFC), entre otros.

»¡Créanme! Hace 200 años el tamaño del agujero en esa capa era equivalente al del continente africano de la época.

»Por otra parte, alteró el «Efecto Invernadero» —una capa de gases naturales principalmente vapor de agua, co2, ozono, óxido nitroso y metano—, ubicada a 10 km de la superficie de la tierra, cuya acción principal consiste en retener parcialmente y en perfecto equilibrio el calor de los rayos solares que entran a la atmosfera, manteniendo una temperatura media global de 15°c.

»Esta capa haciéndose cada vez más densa por la emisión desproporcionada de gases industriales de combustibles fósiles liberadores de (CO2) y los fatales Clorofluorocarbonos (CFC), retiene por más tiempo el calor de los rayos solares —al no poder retornar al espacio—, ocasionando lo que se conoce como «Calentamiento Global».

»La combinación de estos factores trajo como consecuencia que la temperatura media global de la tierra subiera considerablemente (tomando en cuenta que solo un 1°C era fatal); producto de esto se suscitó con más frecuencia el «fenómeno del niño» —evento natural asociado a cambios en la atmosfera, caracterizado por el aumento de las temperaturas del océano Pacífico ecuatorial cada 3 u 8 años, ocasionando intensas

¡ABUELOS… SALVEN EL PLANETA! CAMBIO CLIMÁTICO, CONTAMINACIÓN Y EXTINCIÓN

lluvias—, más grave aún, se derritieron los polos, crecieron los mares, desaparecieron países enteros por las catástrofes naturales e inundaciones, se extinguieron casi por completo la flora y la fauna, así como se incrementaron las enfermedades inmunológicas, de la piel y de la visión.

»Esta incitada condición alteró los patrones meteorológicos del sistema climático, produciéndose a finales del siglo XXI el 5° «Cambio Climático» conocido hasta ahora por la humanidad, siendo a su vez el 1° «Antropogénico» u ocasionado por el hombre, donde casi se extingue por completo la especie humana, sobreviviendo solo las personas que se mantuvieron en Bunkers subterráneos y en el espacio, por el incremento de 4°C en la temperatura del planeta.

»¡Ah! Y no conforme con esto: utilizó armas en guerras injustificadas con las que devastó pueblos enteros; incumplió los «Protocolos Climáticos» donde se comprometía a disminuir la emisión de gases contaminantes al ambiente e inventó virus para crear enfermedades y pandemias como el «Corona Virus».

»A principios del siglo XXI, el hombre desobedeció los «7 Pecados Sociales» enunciados por el «Papa Benedicto XVI», especialmente —*«No contaminarás la tierra y tendrás cuidado con la manipulación genética»*—; igualmente la «Encíclica» sobre clima y medio ambiente del «Papa Francisco» denominada «Laudato Si» o «Alabado Seas», donde llama a cuidar la tierra como nuestra «Casa Común». Francisco quien tomó su nombre como pontífice de «San Francisco de Asís», el «Santo Ecológico» postuló el «Pecado Ecológico» —definido como el daño al prójimo—, para incluirlo en el catecismo de la iglesia católica.

—¡Maestra! ¿Ellos no pensaron haber evitado todo esto? —dice el alumno Tritón, luego de esta triste exposición.

—¡Uf! —responde ella con la voz quebrantada—. Si pudieran ver como sufrimos ahora, seguro lo hubieran evitado.

—¡Vaya! —replica la alumna Midi—. Que egoístas fueron nuestros abuelos, ya no los quiero.

En ese momento, a la maestra Sega se le ocurre un ejercicio e invita a los alumnos a practicarlo diciéndoles:

—¡Atención! Imaginemos que nos podemos comunicar con el siglo XX. ¿Qué diríamos a nuestros abuelos? Comienzas tu Midi, ilústrale nuestra Apariencia Física:

—¡Abuelos! Soy una niña de 10 años de edad, con la apariencia de una de 30 de su siglo, aquí la persona más anciana solo llega a 40 años por las enfermedades que ustedes crearon y las condiciones ambientales que propiciaron, por eso solo mido 1.50 mts, peso 30 kg, veo poco, sufro de osteoporosis y mi sistema inmunológico es precario, por lo que mi tiempo de vida es de menos de dos años..., pero esto para nosotros, es normal, solo pensamos en aportar algo mientras vivimos para salvar la humanidad.

—Sigues tu Galilei —indica la maestra—, háblales de las condiciones actuales en el Planeta:

—¡Uy abuelos! Casi toda la flora y la fauna se extinguió, queda una reserva en la Amazonia; solo existe la superficie de tierra cercana a la línea ecuatorial, ya que toda la parte norte y sur desapareció cuando se derritieron los polos y crecieron los mares, no existen países, solo las «Confederaciones de América, Eurasia y África».

»Se creó un «Idioma universal» basado en símbolos, queda muy poca agua en el subsuelo de América, custodiada por el ejército es distribuida en pocas cantidades, ustedes la despilfarraron lavando sus autos y aseándose sin modestia, actividades que nosotros hoy no podemos hacer.

»Los alimentos se obtienen del «fitoplancton» siendo la única

fuente de alimentación que queda, estos son distribuidos a centros de acopio en limitadas raciones, listas para comer, ya que no podemos cocinar.

»La población mundial es de 600 millones de habitantes; vivimos reciclando la basura que nos dejaron y la ropa que llevamos puesta es desechable.

¡ABUELOS... SALVEN EL PLANETA! CAMBIO CLIMÁTICO, CONTAMINACIÓN Y EXTINCIÓN

»Ustedes tuvieron en sus manos la oportunidad de conservar los recursos naturales y ahorrar energía para el futuro, sencillamente no malgastando el agua, apagando los equipos eléctricos en desuso, reciclando la basura, no contaminando los ríos y mares, así como evitando la tala de bosques y su quema indiscriminada.

»¡Ah! Y los gobiernos no reglamentaron controles sobre las emisiones de los gases industriales ni del transporte, tampoco regularon los contenidos en los aerosoles o en los agentes refrigerantes, degenerantes de la «Capa de Ozono».

»Que sencillo era todo y no pudieron hacer nada, por su cultura consumista y derrochadora —dice Galilei.

Seguidamente, la maestra le da la palabra al alumno Tritón pidiéndole que comente sobre la Energía:

—¡Mm bueno! —dice—. Se agotó el petróleo, el uranio y no se desarrolló otro tipo de energía, la poca proveniente del Sol llega a un satélite que luego la distribuye a centros estratégicos; no tenemos energía en nuestros hogares, ni televisores, ni electrodomésticos; tampoco hay fábricas, transporte, ni monedas, peor, ni pensar que predijeron, que en los siglos venideros el mundo sería controlado por computadoras, robots y vehículos espaciales ¡Ja, ja, ja!

»¿Es qué en la escuela se nos informa sobre el acontecer mundial? No, no utilizamos cuadernos, por eso desarrollamos la capacidad de almacenar información en nuestro cerebro.

—Ahora tu Zeus —apunta la maestra—, háblales de nuestro Futuro.

—¡Abuelitos! Quedan reservas para alimentarnos hasta los próximos 20 años, donde se invierte todo el esfuerzo, la energía y los pocos recursos disponibles, es decir, lo que sería bueno, es descubrir un planeta donde haya condiciones para la vida y comenzar de nuevo.

—¡Uf! —agrega la maestra con marcada tristeza—. Si dentro de los próximos 20 años no descubrimos un planeta donde se pueda desarrollar la vida humana será el final de nuestra especie, el hombre reto a la naturaleza, pero no pensó que la naturaleza es Sabia y lo destruiría a él, debimos haber cuidado nuestro planeta antes de pensar en migrar a otro, con condiciones para la vida.

Seguidamente la maestra cierra sus ojos…, expira lentamente y sugiere «telepáticamente» a los alumnos:

—¡Ok…, repitan conmigo esta plegaria!

Y todos en voz unísona y esperanzadora gritan:

—¡Abuelos… salven el Planeta!

EPILOGO: Mi sueño en una palabra

45

FRANK RAMOS BOADA

«El séptimo día de la creación del mundo, Dios descansó para <u>contemplar su belleza</u>».
Obra: "Hermosa"

¡ABUELOS… SALVEN EL PLANETA! CAMBIO CLIMÁTICO, CONTAMINACIÓN Y EXTINCIÓN

Salí de vacaciones a visitar otras regiones lejos de donde vivimos, simplemente quería contemplar otras tierras, cierto, aunque las vi, constaté esa otra realidad que nos sucede a diario. Así, en una librería «folleteando» un interesante libro de tapa brillante y acartonadas una joven dio un salto y se puso a mi lado, le intrigaba que yo diera vueltas a las páginas sin leerlo, cuando de pronto me dice:

—¿Quiere que se lo lea?

—Sorprendido, le respondí no.

Aunque con sus aproximadamente quince años insistió: —No. Prefiero ser yo quien lo lea.

No pude hacer nada más sino apreciar el placer enorme de escuchar su dulce voz. Se imaginaba ser la maestra, pero su cara angelical mostraba lo contrario. Me acomodé pues, en un rincón con contemplación como un anfitrión en un teatro, a escuchar la lectura.

La chica comenzó:

—La tierra era un precioso planeta de la constelación Vía Láctea. Poseía fabulosos ríos, suntuosas montañas, algunas nevadas con bellos paisajes, etc., etc. Su gente vivía plácidamente hasta que algunos empezaron las avaricias y la irresponsabilidad humana se volvió la ley de muchos otros, haciendo que se terminará el bienestar de todos o al detrimento de la civilización humana…

»¡Mmm! Es difícil explicar lo que es una civilización. Y añade sin mirar el libro.

»En mi colegio me han dicho como vivían mis ancestros y cuando pienso, que los hombres destruyen su bello porvenir, contribuyendo con un cambio climático, a un mundo más cálido, con olas de calor más frecuentes e intensas; o con subidas del nivel del mar que afectarán a grandes urbes…, todo eso me da miedo. En fin, quiero decir, mostrar cómo es hoy lo que muchos llaman Tierra, mientras que valdría gritar: ¡Salven el Planeta!

Este libro es escrito para cosechar, porque hay tiempo, lo conveniente de un hermoso planeta, como dice la joven «Mi sueño en una palabra». Recuerda ésta:

—¡Contribuyamos!

EL AUTOR

Frank Ramos Boada, es Administrador de bienes, Auditor del Sistema de Gestión de Calidad ISO9001, **docente** y **coach** empresarial con 30+ años de experiencia.

Activista ecológico con claves aportes, entre los que se encuentran las **canciones**: *"Paraíso"* y *"Agujeros en el Cielo"*; **poemas** donde destacan: *"Los Árboles Lloran"* y *"Extraterrestres"*; el **video:** *"Agujeros en el Cielo"* y la **obra dramática:** *"En defensa de la Capa de Ozono";* además **escribe artículos** ambientalistas para la revista *"El Samán de Bello"* y dicta **conferencias** sobre *"Calentamiento Global"* en colegios y universidades; en 2019 y 2021 recibió **Reconocimientos** de la Fundación para el ambiente (FUNDAMBIENTE) por su gran aporte a la conservación del planeta.

Músico y prolífico compositor de más de 200 temas; participó en la *"XV Conferencia de la ONU sobre el Cambio Climático"* celebrada en Copenhague – Dinamarca en diciembre de 2009.

Conocido en el medio artístico como *Fran Reí Ramos,* dirige la Agrupación Musical *"Latino de innovación"* con la que ha participado en los **foros internacionales**: *"VI foro Social Mundial Caracas - 2006"* y *"V Foro Social Europeo Suecia - 2008",* por sus **temas Socio-ambientalistas**.

BIBLIOGRAFIA

"Gran Mancha de basura en el Pacífico". Wikipedia, 25 de Abril de 2023. https://es.wikipedia.org/wiki/Gran_mancha_de_basura_en_el_Pac

"Deforestación en el Amazonas". Wikipedia, 15 de Marzo de 2023. https://es.wikipedia.org/wiki/Deforestaci%C3%B3n_en_el_Amazonas

"Basura Espacial". Wikipedia, 26 de Marzo de 2023. https://es.wikipedia.org/wiki/Basura_espacial

"Inia Geoffrensis". Wikipedia, 9 de Abril de 2023. https://es.wikipedia.org/wiki/Inia_geoffrensis

"Tremarctos Ornatus". Wikipedia, 19 de Marzo de 2023. https://es.wikipedia.org/wiki/Tremarctos_ornatus

"Capa de Ozono". Wikipedia, 8 de Mayo de 2023. https://es.wikipedia.org/wiki/Capa_de_ozono

"Calentamiento Global". Wikipedia, 12 de Abril de 2023. https://es.wikipedia.org/wiki/Calentamiento_global

"El Niño (Fenómeno)". Wikipedia, 9 de Mayo de 2023. https://es.wikipedia.org/wiki/El_Ni%C3%B1o_(fen%C3%B3meno)

"Cambio Climático". Wikipedia, 20 de Abril de 2023 https://es.wikipedia.org/wiki/Cambio_clim%C3%A1tico.

Arístides Rojas, "La primera taza de café en el Valle de Caracas". Tipografía el Globo, 1957

FELICIDADES

¡Muchas Felicitaciones por haber terminado esta lectura!

Estimados lectores, si este LIBRO ha aportado algo de valor, les agradecería que dejen una reseña en la Plataforma Digital donde lo adquirieron, indicando si es posible el sentimiento que han tenido al leer: ¡Abuelos... salven el Planeta!

Demás les agradezco lo recomienden a sus amigos y sobre todo a los amantes de la Naturaleza.

Deseo leer vuestra reseña como un «guiño» al bienestar del Planeta.

Como regalo por acompañarme en esta lectura les dejo este poema de mi autoría denominado *Los Arboles Lloran* donde se le brinda un sentido tributo a la Naturaleza.

FRANK RAMOS BOADA

Recuerdo cuando era muy niño, a mi abuela
regando sus flores todas las mañanas.
Ella llenaba el rociador, con agua pura del filtro de piedra
y comenzaba su *"Ritual"* de consentirlas como si fueran niñas.
Aun recuerdo que les cantaba:
Que hermosas amanecieron,
que lindas están mis niñas,
su abuela las quiere mucho.
Aprendí a oír a las flores... y verlas sonreír como bebes.
En la escuela podía ver como el *"Jardinero"* las regaba
sin hacerles cariño.
En la escuela aprendí que las plantas son seres vivos.
Pero mi abuela me enseñó que ellas sienten
y padecen como nosotros.
Una vez pude ver como un señor cortaba un árbol con su hacha,
sentí que el árbol lloraba y suplicaba... le rogué que no lo hiciera, pero ni
siquiera me oyó...
Presencié como se incendiaba un bosque, escuché a los árboles
gritar y llorar, los mayores cobijaban a los más chicos,
con el mismo instinto de una madre.
Contemple fumigar plantas frutales y estas me decían que las estaban
destruyendo antes de ofrecer sus frutos a la vida.
Por eso ahora le canto al mundo como lo hacía mi abuela,
Porque los árboles ríen y lloran en silencio...

¡ABUELOS... SALVEN EL PLANETA! CAMBIO CLIMÁTICO, CONTAMINACIÓN Y EXTINCIÓN